JN410456

저녁 무렵의 회개

김윤도 시집

문학의전당 시인선
182

저녁 무렵의 회개

김윤도 시집

문학의전당

시인의 말

어머니가 팔순이 넘으셨다.
나도 이제 오십을 훨씬 지나고 있으니……
아직도 삶에서 헤매고 있지만,
시(詩)를 생각하고 있음에 감사한다.
버리지 못하는 성정(性情)과 진보(進步)를 보이지 못함이
예전의 시편 몇몇을 붙잡고,
어찌 보면 부끄럽기 조차한 몇 편을 더하여
세상에 다시 내밀어본다.

누군가 공감할 수 있었으면 좋겠다.

주님만이
나의 유일한 소망이 되시기를
기도할 뿐이다.

2014년 초여름 앞에서
김윤도

차례

시인의 말

제1부

도라지꽃 13
지금 할 수 있는 것 14
고추꽃 15
달팽이가 간다 16
문신(文身)을 보며 18
밀애(密愛)를 들키다 20
절규(絕叫) 21
아름다운 위반 22
장마 24
목련의 부탁 25
개미마을에 가자 26
풍경의 말 28
노각 29
네 손에 있는 것이 무엇이냐 30

제2부

목련 앞에서 33
상사화(相思花) 34
저녁 무렵의 회개 35
슬픔의 속도, 그 소망에 대하여 36
임연수를 앞에 두고 38
오죽헌(烏竹軒)에서 39
코드 블루 40
도야 호수 41
책상 위 모오리돌 하나 42
동명이인(同名異人) 43
동물원에서 44
저녁 호수 곁에서 46
낡은 발전소 풍경 48
바다로 가는 철부지 50

제3부

석류 53

서해갑문에서 54

부부 55

무단횡단금지 56

지금은 제초작업 중 57

개펄에 서서 58

섬에서의 배웅 60

은행나무 아래서 61

꽃밭에서 62

늦가을 63

붕어빵과 할머니 64

하관(下棺) 65

오랜 친구들의 저녁식사 66

이국(異國) 여인 67

꽃사과 68

제4부

엄마 71
부음(訃音) 72
어머니 73
어느 날 일기 74
난쟁이 76
만찬(晩餐) 77
잔잔함에 빠지다 78
잡담 80
만추(晩秋) 81
밀양댐을 지나며 82
눈발에게 84
소금꽃 85
산책(散策) 기도 86
슬프지만 더욱 아름다운 사람들 88

해설 | 기도와 공감의 이중주(二重奏) 89
백인덕 (시인)

제1부

도라지꽃

슬픈 별이었으리

세상에 두고 온 사랑에
눈멀어

외진 곳 홀로 떨어져

보랏빛 그리움으로
남았으니

지금 할 수 있는 것

꽃그늘 아래로
한 아이가 지나자
바람에 꽃잎 날리고,
생(生)의 한순간이
땅으로 닿고 있다

지금
할 수 있는 것은 무엇일까

등에 진 슬픔을
잠시 내리고
꽃나무 뒤
산(山)을 바라보는 일이기에

고추꽃

허리 굽은 할머니
슬픈 손길 가득한 텃밭 언저리,
수줍어 희어진 눈물 고백들
작은 별 안고
매운 향기 옅게 숨어,
깊어진 하늘 아래
서러운 사랑 그리면

세월에 지친 인적(人跡)은
잠시 멈추고

달팽이가 간다

그는 어디서 와서
어디로 가는 것일까
지난밤 보았던 둥근 달에서
세상을 그리며
어린아이의 팽이가 되기 위해 왔을까

이 바쁜 삶 속에서 그 품새를 보노라면
느려터지고 재빠르지도 못해
늘 뒤끝에서 겨우 쫓던 날이 떠올라
더욱 눈길이 가고,
복족류(腹足類)*라는 너처럼
한시도 땅에서 발을 떼지 못하는 무거운 발걸음이
오늘은 왠지 가벼워지기도 하는
느림보 달팽이가 가고 있다

잘 볼 수도 없는 조그만 눈을
불안한 더듬이 끝에 달고
빛과 어둠의 경계만을 헤아리며

작은 자취를 어렵게 남기고
우주의 한 점을 지나고 있다

그 뒤로
나의 어눌한 흔적도
남겨지기를 원하면서

---

* 연체동물 중 배 바닥을 발로 삼아 기어 다니는 것들.

문신(文身)을 보며

목욕탕 한쪽 구석

널따란 등 위로
푸른 용 한 마리
날고 있다

하늘을 오르지 못한 슬픔이
한 땀씩 낙인(烙印)되어
이룰 수 없는 욕망에 진저리치며
신이 되지 못한 미라의
안타까운 전설을 그리고 있다

한때는
사랑에 눈멀어
바늘에 찔린 살갗이 되었지만
이제는
가슴에 큰 상처로 남아
가인의 자자(刺字)처럼

얼룩이고 있다

지금은
지우려고 애써도 소용없는
주홍글씨만 선명할 뿐

밀애(密愛)를 들키다

때까치 두 마리
옥상에서
희롱하고 사랑에 한참일 때,

아이고 눈치 없이
방해꾼 되어 나타났으니

나쁜 짓 하다 들킨 것 같음은
이쪽이나 저쪽이나 같으려나

절규(絕叫)

무료급식소 점심 배식 때 들었습니다

'할머니! 너무 짜게 들지 마세요. 건강에 해로워요'

'아니야 아니야 그냥 내버려둬. 이 세상 오래 있기 싫어
짜게 먹고 얼른 죽어야지'

모두 먹먹해진 가슴으로

한참을 멈추어 있었습니다

아름다운 위반

왕복 팔차선
고집스러운 약속을 따라
한 치의 오차도 허용치 않는 것을 최상의 미덕으로 삼고
앞으로 향하는 차창 밖으로
커다란 위반을 만났다

허리 굽은 할머니
폐지를 가득 실은 수레를 끌고
중앙선에서 역주행을 서슴지 않고
무거운 삶을 밀어 올리고 있다

어찌 저런, 어찌 저런
신호등에 멈춘 차 속에서
마음은 얼어버리고,

슬픈 영화 한 편처럼
지나가는
아름다운 위반이

벗어남이

아름답고 슬픈 이 시간이여

장마

깃털 젖은 작은 호반새
다잡다 놓쳐버린 개구리에 마음이 상할 즈음

굵은 비에 흔들린 주름진 고사목
둥지를 열어 반기고

목련의 부탁

불을 켜드릴게요

겨우내 지쳤던
가슴을 환하게 하셔서
험하고 소란한 세상에
등불이 되시면 어떨까요

빨리빨리 오셔서
담아두세요

시새움 하는 햇살과 바람이
언제 저를 떨어뜨릴지 모르니까요

개미마을*에 가자

햇살이 좋아
게으르고 싶은 날은,
하늘에 가까워
슬픔도 더딜 것 같은
개미마을로 가자

산자락 아래
낮은 지붕과
초라한 담벼락에 화려한 꽃을 피우는
그곳에 가서
노래를 불러보자

"게으른 자여 개미에게로 가서 지혜를 얻자
그들은 우두머리도 감독자도 없으나
여름 동안에 땀 흘리어 추수 때에 양식을 모아 둔다
게으른 자여 언제까지 누워 있느냐
어느 때에 잠이 깨어 일어나겠느냐"**

감나무가 환해지는
그 계절이 오면
연탄불같이 따뜻한 마음을 안고
개미마을로 가자

가난한 사람들 같지만
가장 부자인 그들을 만나러

---

*서울 홍제동 인왕산 자락한 위치한, 부지런한 사람들이 모여 산다는 마을이라 해서 붙여진 이름이나 현재는 홀몸 노인 등 어렵고 힘든 사람이 주로 모여살고 있다.

**구약성경 잠언 6장에서 일부 인용.

풍경의 말

가끔은
침묵하며
멈추어 보는 것도
좋으리라

다가서며
잡으려고 애썼던
체질은
단지 먼지뿐임을
기억하는 순간*,

가을 나무는
찾아온 바람에
제 잎을 실어 보내는

---

*구약성경 시편 103편에서 일부 인용.

노각

하루가 백 년 같은 여름날
주름진 할머니는 지친 몸을 이끌고
늙은 오이를 따러 텃밭으로 향합니다
밤새워 뒤척이며 잠 못 이루던
할아버지의 입맛을 돋우고자
노각 무침을 만들기 위해서입니다

새콤한 고추장 양념을 버무린
노각 무침 한 접시가
할아버지 잃어버린 미각을 회복하여 주면 좋으련만……

오래 살아온 세월
또 하루를 견디어냈다고
서로 위안하며
늙은 오이를 곱씹으며

여름날이 그렇게 지나갑니다

네 손에 있는 것이 무엇이냐*

손을 바라다본다

무엇을 가질 수 있었던가
바람을 잡으려 했으나 빠져나간 지 오래고
햇살을 가만히 두려 했지만
지금은 차가운 온기만 남은,

가만히 대답을 듣는다

낡은 사랑 한 조각에 실린
옅은 슬픔과
아직도 그리워야 할 계절을 향한
가난한 기도가 있다고

---

*구약성경 출애굽기 4장 2절에서 일부 인용.

제2부

목련 앞에서
— 이루지 못한 사랑에 대하여*

누군가 앞에서
가슴이 뛰던 적이 있었던가
볼이 빨개지며

머릿속이 하얗게 변하여
한마디 말도 못 건네며
못 본 척 누군가의 곁을 지난 적은 없었던가

다시 만날 수 없을지라도,
언젠가 어디선가
그곳이 하늘 어느 쪽
바다가 시작되는 땅끝 어디쯤이던지

꽃잎 하나로 날고 있을 줄 믿기에

---

*목련의 꽃말에 '이루지 못한 사랑'이라는 뜻도 있다.

상사화(相思花)

꽃과 잎이
만나지 못한들 어떠하리

그대와 나
각자 강물에 던져져
저 먼 바다에서
만날 즈음

눈물 되어
노랑꽃으로 피었으니

저녁 무렵의 회개

답신 없는
편지를 향한 조바심도
이젠 내려놓고

붙잡기에는 너무 많아
욕심의 언저리만 기웃거린
한낮을 떠나
차분해진 하늘로 사라지는
그날에 충분한 새떼를 바라보아야 한다

늘 그렇듯이,
포기는 절망이었고
만족은 희망이었던
가난한 지혜를 탓하며

노을 지는 길에서
처절한 기도를 길어 올려야 한다

슬픔의 속도, 그 소망에 대하여

한 어린아이가 달려가고 있다

바람을 볼 수 있다고
자신하던 때를
애써 외면하기에는
너무 빠른 순간이다

늘 간직했기에
낙인(烙印)처럼 스며져 있던
조각난 눈물이
흩뿌려지고 있다

그때
잠시 길을 잃으며,

천년의 갑절을 산다 해도*
슬픔은 결코
기쁨의 반대편에 있지 않음을

깨닫지 못할 것이라
생각하고 있었다

---

*구약성경 전도서 6:6 일부 인용.

임연수를 앞에 두고

구내식당 점심 반찬으로
임연수 반 토막이 놓여 있다
먼 바다 깊은 물속의 자유는 두고 온 듯
말없이 순종적이다

그 귀하고 뽀얀 살을 지키기 위해
퇴화한 껍질과 날카로운 가시로 제 몸을 굳게 지켰지만
이제는 아무 소용도 없이
남의 입맛을 돋우는 처지를 보니
가슴 한쪽이 알싸하다

조심히 가시를 걷어내고
식욕에 집중하는 지금,
어머니가 차려주던
이면수* 한 마리
유년의 기억 속을 헤엄치고 있다

---

*임연수를 이면수라고 부르기도 함.

오죽헌(烏竹軒)에서

까만 대나무 곁
배롱나무 꽃이
잠시 슬퍼지는 것은
꽃이 핀 다음에 죽는다는
오죽의 가여운 일생을
떠올렸기 때문이 아니라
화석이 되어버린
숯 같은 그리움과
소금기 옅어진 해풍에 흔들리는
오래전 사랑 탓이었으리

코드 블루*

떠나려는 시간을
붙잡기 위해
살아남은 이들의 다급함이
떨리는 목소리와 함께
새벽 병동을 깨우고 있다

뛰는 법에 익숙했던 생애 앞에 놓인
이별의 경계에는
잠이 덜 깬 부스스한 손길과 경고음 속에
숙연한 긴장만이 가득하고

잠시 생각들이
새벽이 걷히는 창밖으로 날아가고 있다

나로 인해 듣게 될지도 모를
저 긴박한 목소리와 함께

---

*코드 블루(Code Blue) : 의학적 응급상황에 쓰이는 전문용어. 환자가 숨을 쉴 수 없거나 심장 박동이 멈추었을 때 심폐소생술이 필요한 상황으로 해당 환자가 입원해 있는 담당 과와 관련 과(내과, 응급의학과 등) 의사 등이 긴급하게 모두 소집된다.

도야 호수*

바다가 되지 못한
슬픔에
겨울에도 얼지 못한다

화산에 익어버린 세월이
늘 출렁이기에

그리운 사랑은
도착할 틈이 없다

---

*일본 홋카이도 남서부 지방에 있는 총 둘레 50km의 큰 호수로, 산의 호수로 불린다.

책상 위 모오리돌* 하나

어느 바닷가 아니면
햇살 반짝이는 개울을 떠난
작은 몽돌 하나
책상 한 귀퉁이에
동그마니 앉아
떠나온 고향을 그리고 있다

가르르 가르르
달그락 달그락

소라의 노랫소리 들리고
개구쟁이 웃음도 담겨 있는,

씻기고 씻기며
이리 둥글 저리 둥글
모가 난 세월은
추억이 되고

---

*모나지 않고 둥글둥글한 돌, 몽돌이라고도 함.

동명이인(同名異人)

신문을 들추다
부고(訃告)에 활자로 박혀 있는
동명이인의 마지막 흔적에서,
변두리로 살아온 멈추어질 시간과
가슴 깊숙이 자라온 부실한 삶을
더듬거리며 찾고 있다

별로 길지 않은 이생에서
치열한 궤적을 지내왔을 터이지만
단지 지금은
내일이면 훌훌 털어버릴 망각의 자리와
남은 인연들의 화려한 나열이
오히려 쓸쓸해지는
생면부지의 익숙한 이름 앞에

초라한 자화상이 놓이고

동물원에서

우리에 갇힌
외로움을 바라보며
추억의 동물도감을 펼치면

어느 과(科) 무슨 목(目)에 매여진
가물가물한 이름은
본능의 그리움을 포기한 채,
세상 밖의 소란을 버리며
잃어버린 사랑을 그리워한 지 오래다

견고한 창살로 분리된
구겨진 야성은
포로가 된 시간에 눈을 감고
뛰놀던 초원을 꿈꾸지만

달릴 수 없는
퇴화한 슬픔은
놓쳐버린 풍선만큼

유년을 잃은 허전함을 안고

저 하늘로 날고 있다

저녁 호수 곁에서

저편 기슭에 닿아 있던
지친 바람이
물비린내 안고
건너왔다

하루를 견뎌낸
나무들
잠시 숨 고르며,
어미 새 놓친
작은 물새 소리에
귀 기울이고 있다

언젠가 떠났던
간혹, 바라보던 시간이
차분한 그리움 되어
천길만길
어둠 속으로 매듭지어지면

별 하나

곁으로

내려앉고

낡은 발전소 풍경

하늘을 찌르는 바벨탑처럼,
고집스러운 굴뚝은
연기를 잃은 지 오래고,
군데군데 움푹 파인
진입로는
게으른 햇살로 한가하다

세월에 버티어
낡아진 담장 곁
멍이 든 해바라기는
행복했던 지난 계절이 그리울 뿐이다

사택 옆 놀이터엔
더는 기다려줄 소꿉동무는 없지만
아줌마가 되어 있을 소녀의 미소는
허물어진 두꺼비집 모래 위에 반짝이고,

교대근무에 지친

늙은 발전원은
정년을 생각하며
사택 옆 작은 텃밭으로 향한다
소박한 밥상을 채워줄
고추와 상추뿐 아니라
한 켠에 피어 있을
추억의 눈물 꽃을 가지러 간다

바다로 가는 철부지

너무 많은 것을
담아두지 말 것을 다짐하지만
배고픈 철부지로
허겁지겁
창밖을 주워 삼키고 있다

선천성 난치의 조급증은
체한 줄도 모르고
흐릿한 섬과
어부의 기적을 꿈꾸며
괭이갈매기를 잡으려 할 때

바다는
설익은 몸짓과 가벼운 눈물을 경계하여
거식증(拒食症) 환자처럼
거부할 것이기에

제3부

석류

영화로운
솔로몬의 고백으로
발그레한 뺨이 된
이방(異邦)의 여인이여,
오늘 우리, 못다 핀 꽃을 그리워하며
이루지 못한 사랑의 연가를 불러보자

향기로운 그대의 즙을 마셔
풍요와 영원을 사모하며
잃어버린 낙원의 축복을 소망하는 이 시간

비단 가슴속
빤짝이는 빨간 보석을 꺼내보는
이 황홀함의 신비여

서해갑문에서

더는 갈 수 없기에
멈추는 것이 아니라
떠도는 바람에 지친 몸을
잠시 맡기기 위함이다

광야 같은 세상을 두루 돌며
위로 위로 헤매던 시간과
기억조차 슬픈 전설이 되어버린 사랑의 조각도
지금은 내려놓아야
저 바다를 간절하게 바라볼 수 있으리니

이제는
도착에 서두르지 말고
낮추고 비워내는 아픔을 안고
갑문을 지나
저 넓은 미지의 곳을 꿈꿀 때이기에

부부

장마가 한창인 주말에
같이 늙어가는 부부는
마르지 않는 빨래 걱정과
세상사 고단함을 잠시 미루고
젊은 연인들처럼
이어폰을 서로 나누어 꽂고
어니언스의 〈편지〉*를 듣습니다

때로는 희미해진 연서(戀書)도 떠올리고
신산했던 세월을 헤아리면
어쩔 수 없이 희끗희끗해진 서로의 머리에
가슴이 먹먹해집니다

아직도 창밖은
비바람이 계속이지만
햇살은 소망처럼 찾아올 것을 믿기에
마주 잡은 손은 따뜻합니다

---

*1970년대에 활약하던 남성 포크 듀엣(임창제, 이수영)으로 〈편지〉는 그들의 대표곡 중 하나이다.

무단횡단금지

— 아내의 시

잠시 멈추고,
지나는 바람을 헤아리면 어떨까요
너무 서두르면
켜켜이 놓인 그리움이
부서질지 모르잖아요

때로는 그렇듯이
붉은 경고등 앞에
절망을 다독이며
푸른 소망을 기다려보는

길이 끝나는 섬 같은 경계에서

당신에게 갈 수 없는 마음
짧은 말이
대신하고 있네요

지금은 제초작업 중

여기저기 아우성이다

마지막 향기를 흩날리며
여름의 꿈이 부서지고

그래도 한때는
뭇 시선도 받았지만
이제는
시든 사랑으로 말라가며
누군가의 거름을 꿈꾸려 한다

지금은
말라가는 영혼도 애처로운
이별

세상의 소음만
소란할 뿐

개펄에 서서

치열한 삶이 어떻고
살아온 날이 저렇고 하는 것은
배부른 사람들이나 하는 소리라고 면박을 줄
촌로(村老)의 검게 탄 가슴을
도심 사람들이 제멋대로 밟고 있다

사는 것이 고단하여
갯마을을 잃어버린
일상을 접은 아이 아빠는
섬 그늘에 홀로 늙고 있을
노모의 주름진 얼굴을 떠올린다

그저 즐거운 아이의 웃음은
여름 햇살을 뚫고
밀려난 저 바다를 향해 가고

잠시 한숨을 돌리려는
인적에 놀란 게들은

고단한 하루와 자유를 위하여
재빠르게 숨고 있다

섬에서의 배웅

엊저녁부터
바다를 누르고 올라온 여름 안개는
아침햇살에 걸려 있다

살아온 날만큼이나
구부러진 길에는
한 움큼의 차창 밖 시선이
오랜만의 여유를 반기며,

길가, 수로에서
세월을 낚는
육지에서 온 듯한 사람은
지나온 세월만큼의 시간을 잡고

먼저 도심으로 떠나가는 옛 친구를
배웅하러 달려간 이른 버스터미널엔
새벽 바다의 부표 같은 이정표가
고스란히 앉아 있다

은행나무 아래서

금빛 비늘 두른
물고기 한 마리,
잔잔한 바람 안고
따스한 햇살 속으로
유영(游泳)을 꿈꾼다

손 내밀면 닿을 수 있는 곳
화석 나무 그리운 오랜 사랑을 향한
날개가 되지 못한 슬픈 지느러미의
서툰 몸짓에
천 년이 하루같이 꿈틀거리면

후두두,

작은 새 날아가고

모진 이별을 생각한다

꽃밭에서

간밤에
낮아진 별들이

햇살에 기대어

지나는 바람을
물끄러미
바라보고 있다

늦가을

시새움하는 감나무가
바람에게 물었답니다

왜,
은행나무에만 다녀오십니까?

붕어빵과 할머니

천 원에 네 마리
칼바람에 흔들리는
붕어빵이
할머니의 근심 어린 손에 들려 있다

볼이 얼어 빨개진 손자의 얼굴이
어묵 국물에 얼비치고
앓아누운 며느리의 구들장처럼
붕어빵은 식어가지만

거칠어 마음 아픈 부지런한 손으로
상처투성이로 멍이 든 단팥을
하얀 마음으로 익히면

살아 헤엄치듯 생기 넘친 시간은
희망의 그릇 위로 쌓이고

하관(下棺)

작은 쪽배가
떠나갑니다

세상에 매였던
닻줄을 풀고
안녕이란 말과
간혹 흐느낌을
뒤로하며,

차가워진 하늘에
구름도 바람도
잠시 멈추어

길을 내어주고 있습니다

오랜 친구들의 저녁식사

그들은 지금
음식을 먹으며
웃음을 나누는 것이 아니라
쌓아둔 세월을 곱씹으며
단맛을 잃은 듯한 지난날을
늘어진 위에 채울 뿐이리라

희끗희끗해진 머리와
탄력을 잃어가는 얼굴에서
서로의 상처를 가늠하며
삭아진 눈물도 꺼내지만,

오늘은 단지
그 젊은 날의 사랑을 소중히 여기며
치기 어린 그때만을 고집스럽게 붙들기에,

별을 이는 저녁이 짧다

이국(異國) 여인

태초에 하나였던 언어는
산과 물의 경계를 지나며
낯선 목소리로 다가오고 있다

많은 수식으로 포장된
허언의 표정과 숨겨진 사랑이
표류하고 있다

말이 무용한 지금,

이국의 풍경에
한 여인이
지나고 있다

꽃사과

경계에
서 있는
그대여

난처함이
어찌 이쁜이랴

취하지 말고
시선에 담지도 말자

가슴에 세워
늘 그리워할 수 있으리니

제4부

엄마

때로는
문득,
늘 안고 있던 말이
돌아올 때가 있다

부음(訃音)

엄마 친구 분이
돌아가셨다고,
전화선을 타고
메마르고 간조한 떨림이 건네왔다

돌아오실 어머니의 흐느낌이
귓전을 때린다

현관의 초인종이 울리면
따뜻하게
팔순 노모의 손을 잡아드릴 것이다

어머니

새벽기도 나서시는
칠순 노모(老母)의
굽어진 등 뒤로
지나온 세월이 힘겹다

그곳에 담긴
내 몫을 헤아리니
콧날이 시큰하고

이다음에, 이다음에
어머니 세상 떠나는 날
그 세월
어찌 바라볼까

가슴에
산(山) 하나 들고 있다

어느 날 일기
— 아들이 화가 났다

아들이 화가 나서
며칠째 묵언 수행 중이다
짐작건대 제 엄마와 의견충돌로 투닥거린 것 같다
전에도 그런 일이 종종 있던 터라
그리 낯선 일은 아니지만,
이제 나도 나이가 드는지
답답하고 야속하기까지 하며 가슴에 와 닿는 무게가
만만치 않다
물론 그리하는 그 녀석 속은 더 타고 부글부글하겠지만
제 나이가 몇인데 이렇게 힘들게 하나
야속하기만 할 따름이다
이럴 때면 돌아가신 아버지가 더욱 새록새록 그리워진다
저 아이 나이쯤의 만만치 않았던 나의 모습에
아버지는 얼마나 얼마나 마음 아프셨을까
아들아! 오늘 어떤 말도 너에게는 그리 큰 위안이 되지
못하겠지만
단지 이 말은 꼭 해주고 싶다
너도 나중에 네 아들 낳아서 키워 보아라

그러면 이런 심정을 이해할 수 있으려나

물론 그때가 되면 엄마 아빠는 이 세상에 없을지도 모르지만, 말이다

여하튼 살면서 참으로 화가 치미는 일이 많음은 분명할 것이다

이것을 다스리며 헤쳐나가는 것 또한 너의 몫임을 알리고 싶구나

사랑하는 아들아!

부디, 화 풀고 제자리로 돌아오기를 바란다

난쟁이

같이 차를 타고 가던 회사 동료가
느닷없이 한마디 한다
“저 사람 난쟁이 맞지”
운전하던 시선을 거두고
창밖을 바라다보았다

하늘과는 멀어진
왜소한 그의 모습 아래
고단한 시간이 쌓여 있고,

낮아진 땅 위로
슬픔 한 조각 던지며
마음만은 절대 작아지지 않았기를
간절하게 바라지만

피곤한 하루는
더욱 무겁게
어깨로 파고들고 있다

만찬(晩餐)

직박구리
한 마리

눈 쌓인 감나무
홍시 곁에서
입맛을 다시는,

잔잔함에 빠지다

작은 산이 걸린
물빛 수채화를
창밖에서
건져 올린다

채우는 일보다
내어버림이 어려워서
잔물결에 핀 바람꽃과
잃어버릴 세월을
담기가 쉽지 않다

밤이 올 듯이
가로등은 기인 다리로
물속을 수놓으며
짧은 하루를
반짝이기 시작한다

속절없이 비는 오고

모든 것을 소리 없이 받아들이면
저렇게
잔잔할 수 있을까

잡담

오래된 친구와
시답지 않은 농담과
의미 없는 설전으로
우주를 지나는 시간을 잡는다

서로 확인하는 몸짓은
가볍지만,
세상에서 가장 무거운 사랑을 안고
가슴에 남겨지고 있다

그러는 사이
꽃이 피었으며
어느덧 알지 못한 별에도
도착해 있었다

만추(晩秋)

달리는 기차의
마지막 칸에 서서,
멀어져 안타까운 풍경에 마음을 놓친다

울긋불긋한 산을 애써 품는다

기껏해야
화살 한바탕 거리*도
채우지도 잡지도 못하는
느리고 둔한 생(生)

햇살을 지나는 바람이
비웃고 있는

---

*구약성경 창세기 21장 16절에서 일부 인용.

밀양댐을 지나며

살고 있는 곳에서
한 서너 시간쯤 벗어나서
많은 것을 담고 있을 듯한
가두어져 슬픈 물길을 만나다

흘러야 사는 이치
산과 더불어 지낸 고요는
지나는 속도마저 멈추게 한다

오늘도
산 넘어 마실 올
달님을 반기며
철없이 떼로 몰려올
뭇별 때문에 소란한 밤이 될 것이다

사는 것이 그렇듯이
마음을 벗어나 곁을 잊어도
또 다른 것의 풍경으로 다가옴을

늦은 계절을 지나며

꾸역꾸역 집어넣는다

눈발에게

참 기인 여정이었겠네
떠난다는 것이 다 그렇듯이
절절한 사연도 있었겠고
낯선 구름과 산속에서 바람을 탓하며 헤매기도 하였지만
푸근한 나무의 신세도 좀 졌을 것 같네
고생 많이 했네
하지만 너무 힘들어하지 않았으면 좋겠어
왜냐하면
눈 맑은 어느 소녀의
쓸쓸한 기다림에
너는 와 닿았기에 말이야

소금꽃

산벚나무 꽃그늘에
봄이 떠나갈 즈음
서쪽 바다 한 켠
검게 그을린 염부를 바라본다

알알이 햇빛을 그리워하고
바닷새가 싣고 온 바람에 감사하며
지내온 시간들,

낡은 소금창고 옆
바닷물 자작한 소금밭에는
굵은 땀방울이 눈물로 뿌려지며
소금꽃이 반짝이며 피고 지고

산책(散策) 기도

하늘을 펼치사
마음 갈 곳 없어 헤맬 때
구름 한편에 상한 마음을 둘 수 있게 하셔서
감사합니다

오래된 나무를 보며
비바람을 견디며 쌓아온 세월을 생각하게 해주시니
감사합니다

화려한 꽃보다는
작은 들꽃을 보게 하셔서
낮은 곳의 귀중함을 깨닫게 하시니
이 또한 감사합니다

당신을 만나 뵐 때까지
바람과 같은 시간에 매이지 않고
부지런한 발걸음으로
성실할 수 있게 하시면

더욱 감사합니다

슬프지만 더욱 아름다운 사랑들

어린 딸아이의 미소를 지키기 위해
항암 치료를 거부한 젊은 엄마,

시력을 잃은 남자친구의
손을 놓지 못하는 젊은 여자,

죽어가는 아버지를 살리기 위해
자신의 장기를
한 치의 망설임 없이 떼어주는 아들,

별 많은 밤
홀로 외로운 십자가에 매달리신
인자(人子)의 눈물과 피 흘림에
가슴에 사랑 꽃이 피던 날에

해설

기도와 공감의 이중주(二重奏)

— 김윤도의 시 세계

백인덕 시인

1.

시인이란 몇 '겹'의 존재인가? 김윤도 시인의 시집 『저녁 무렵의 회개』를 정독하며 내가 떠올렸던 첫 번째 물음이었다. 이 '몇 겹'에 대한 대답은 이미 주어져 있다. 시, 즉 작품을 텍스트로 이해하는 비평에서는 '물리적 시인—함축적 시인—시적 화자'의 층위를 떠올릴 것이다. 하지만, 여기서는 다른 방식의 이해를 생각해볼 수 있다. 시인은 '일상적 자아—과학적 자아—시적 자아'의 심도로 변한다. 다시 말해, 한 편의 시를 쓰기 위해서 우리는 '여기-지금' 온몸과 정신으로 현존하는 '세계-나-존재'임을 인정해야 하고, 그 존재의 여러 양태를 반성적으로 성

찰할 수 있어야 하며, 종국에는 한 목표를 향해 언어(시적 어휘)를 응집할 수 있어야 한다. 김윤도 시인의 경우도 마찬가지 과정을 통해 한 편의 작품을 완성할 수 있었을 것이며, 또한 편편의 작품들이 미정형의 얼개를 거쳐 한 권의 시집으로 거듭나게 되었을 것이다.

분명 그렇다. 여기 분명하게 한 권의 시집이 있다. 필자는 최초는 아닐지라도 초기의 독자임에는 의심의 여지가 없다. 그렇다면 처음처럼 읽는 이 시집, 아니 이 시집을 에워싼 '시 세계'에서 나의 역할은 무엇일까? 아마도 김윤도 시인의 시적 울림을 따라 함께 공명(共鳴)해보는 것뿐이리라.

이번 시집의 표제작인 「저녁 무렵의 회개」는 한 편의 작품이 세상에 나오기까지 한 개인의 심금의 변화를 함축적으로 보여주면서, 또한 시집 전체의 방향성을 적절하게 지시하고 있는 대표작이라 할 수 있다.

답신 없는
편지를 향한 조바심도
이젠 내려놓고

붙잡기에는 너무 많아
욕심의 언저리만 기웃거린

한낮을 떠나
차분해진 하늘로 사라지는
그날에 충분한 새떼를 바라보아야 한다

늘 그렇듯이,
포기는 절망이었고
만족은 희망이었던
가난한 지혜를 탓하며

노을 지는 길에서
처절한 기도를 길어 올려야 한다

―「저녁 무렵의 회개」 전문

전문 4연 14행으로 이루어진 비교적 짧은 작품이지만 시집의 중심에 세울 만큼 단단한 구조를 보여준다. 1~2연에서는 '일상적 자아'의 모습이 그려진다. "답신 없는/편지를 향한 조바심"이나 "붙잡기에는 너무 많아/욕심의 언저리만 기웃거린/한낮"은 그 크기와 질량에 상관없이 어쨌든 욕망에 사로잡힐 수밖에 없는 '일상적 자아'의 모습을 구체적 이미지로 보여준다. 다음 3연에서는 '과학적 자아'가 등장한다. 여기서 말하는 과학이란 무슨 거창한 이론을 의미하지 않는다. 간단하게 말해서, '인과관계'가

성립하는 명제로 쓰인 것을 '과학적'이라 수식한다. '포기/만족'이 원인의 자리에 '절망/희망'이 결과의 자리에 자연스럽게 놓일 수 있으므로 '과학적 자아'가 드러난다. 끝으로 4연에는 "처절한 기도를 길어 올려야 한다"라는 시행에서 '시적 자아'의 음성이 발현한다. 축약하면 '일상에서의 반성—인과에 대한 인식—미래에의 기원'이라는 구조를 살펴볼 수 있다.

하지만, 이 작품을 시집의 표제작으로 정말 손색없게 하는 것은 사소해 보이는 작은 시어들의 떨림, 독자에게 전해지는 울림에 있다. 2연의 "그날에 충분한 새떼"는 시인의 '조바심'과 '욕심'을 일거에 무력화하는 강한 계기로 작용한다. '그날에' 충분하다는 것은 매일에 충실하다는 의미로 읽을 수 있기 때문이다. 또한 3연의 '탓하며'는 '가난한 지혜'와 결합하여 '회개'가 온전하게 내적 동기에서 비롯하는 것임을 강하게 암시하고 있다. 마찬가지로 4연의 "길어 올려야 한다"는 표현은 '기도'의 참 의미를 강하게 함축하고 있으므로 인해 적절한 시적 종결의 역할을 한다. 주지의 사실이지만, 시적 의미는 대부분 명사나 대명사 같은 '몸말'에 의해 형성되고, 부사어나 형용사, 동사 같은 꾸밈말은 그 의미를 제한하는 것일 뿐이다. 그런데 여기서는 '그날에', '탓하며', '길어'와 같은 부수적 시어들이 오히려 시의 구조적 단단함과 독자의 공감대 형성에 큰 역할을 한다는 것이 특징적이다.

김윤도 시인의 시 세계를 지탱하는 두 축으로 설정한 '기도의 발견'과 '공감하는 정신' 중에서 먼저 '기도의 발견'과 관련하여 몇 편의 작품들을 살펴보고자 한다.

꽃그늘 아래로
한 아이가 지나자
바람에 꽃잎 날리고,
생(生)의 한순간이
땅으로 닿고 있다

지금
할 수 있는 것은 무엇일까

등에 진 슬픔을
잠시 내리고
꽃나무 뒤
산(山)을 바라보는 일이기에

—「지금 할 수 있는 것」 전문

이 작품은 두 개의 대비적 이미지로 형성되었다. '한 아이/바람'과 '꽃나무/산'이 그것이다. 대비적 특질은 '순간적/항구적'이라 볼 수 있다. 사실, 이 우주의 삼라만상은 다 변화한다는 특성을 공유하고 있다. '한 아이'는 자라나 다시 흙으로 돌아갈 것이고, '바람'은 영원한 듯 보이지만 대기가 사라지면 그 또한 아무런 형태도 드러내지 못할 것이며, '꽃나무'는 해마다 꽃을 피워 자신의 살아 있음을 증명하려 하겠지만 언젠가는 고사목이 될 것이다. 산은 말 그대로 유구한 듯싶지만 그 또한 억겁의 시간이 흐르고 나면 깎이고 깎여 사막이 될지도 모를 일이다. 이때 시인은 묻는다. "지금/할 수 있는 것은 무엇일까"라고. 분명한 것은 "꽃나무 뒤/산(山)을 바라보는 일"은 아니다. 그것은 '꽃그늘 아래로' 아이가 지나가자 "생(生)의 한순간이/땅으로 닿고 있"음을 보는 것과 같은 '일'이기 때문이다. 생의 한순간, 실존의 한 지점에서 어쩌면 시인이 '할 수 있는 것'은 시적으로 말하면 시를 쓰는 것, 확장하면 '기도를 발견'하는 것뿐이다.

하루가 백 년 같은 여름날
주름진 할머니는 지친 몸을 이끌고
늙은 오이를 따러 텃밭으로 향합니다
밤새워 뒤척이며 잠 못 이루던
할아버지의 입맛을 돋우고자
노각 무침을 만들기 위해서입니다

새콤한 고추장 양념을 버무린
노각 무침 한 접시가
할아버지 잃어버린 미각을 회복하여 주면 좋으련만……

오래 살아온 세월
또 하루를 견디어냈다고
서로 위안하며
늙은 오이를 곱씹으며

여름날이 그렇게 지나갑니다

—「노각」 전문

깃털 젖은 작은 호반새
다잡다 놓쳐버린 개구리에 마음이 상할 즈음

굵은 비에 흔들린 주름진 고사목
둥지를 열어 반기고

—「장마」 전문

먼저 '위로'의 순간을 보여준다. '주름'지고 '지친 몸'으로 할머니는 자신과 같은 '늙은 오이'를 따러 '텃밭'으로 향한다. "하루가 백 년 같은 여름날"이란 지독한 견딜 수 없음, 즉 폭염(暴炎)의 조건을 의미한다. 그러므로 텃밭을 나가는 작은 행위도 할머니에게는 치명적일 수 있다. 하지만 할머니는 '노각 무침'을 만들기 위해, 결국 "할아버지의 입맛을 돋우고자" 이 위험을 감수한다. 이처럼 위로는 사람살이의 근본적인 동력(動力)임을 드러낸다.

물론 우리는 시인의 이런 인식이 "폐지를 가득 실은 수레를 끌고/중앙선에서 역주행을 서슴지 않고/무거운 삶을 밀어 올리고 있"(「아름다운 위반」)는 '허리 굽은 할머니'에 대한 시인의 "마음은 얼어 버리"는 염려에서 비롯한다는 것을 이미 알고 있다. 마찬가지로 뭇 생명들에게 '위로'는 커다란 기쁨으로 다가온다. 절제된 어휘를 사용해서 시인은 이런 사정을 깔끔하게 그려낸다. 먹이를 놓친 '호반새'의 안타까움을 '고사목'이 '둥지'를 열어 반긴다는 발상은 김윤도 시인에게는 일반적인 표현 수법일지 모르지만 시단 전체를 놓고 보면 특징적인 면모라 해야 할 것이다.

김윤도 시인의 진면목은 그가 매양 '참된 기도(祈禱)'를 드리는 삶을 기획, 실천하고 있다는 데서 찾아야 한다. 시인은 이미 자서에서 "주님만이 나의 유일한 소망이 되시기를 기도할 뿐이다"라고 밝히고 있다. 그는 시인으로서는 몇 사람의 '공감'을 기도(企圖)하지만, 나아가 한 존재로서는 참된 기도를 꿈꾸고 있다.

어린 딸아이의 미소를 지키기 위해
항암 치료를 거부한 젊은 엄마,

시력을 잃은 남자친구의
손을 놓지 못하는 젊은 여자,

죽어가는 아버지를 살리기 위해
자신의 장기를
한 치의 망설임 없이 떼어주는 아들,

별 많은 밤
홀로 외로운 십자가에 매달리신
인자(人子)의 눈물과 피 흘림에
가슴에 사랑 꽃이 피던 날에

—「슬프지만 더욱 아름다운 사랑들」 전문

시인의 소망인 '주님'이 위 작품에 따르면 '인자(人子)'의 성정을 보이는 것인데, 시인은 거룩한 자기희생으로부터 기도를 발견한다. "인자의 눈물과 피 흘림"은 오늘에도 이어진다. 작품은 이를 "어린 딸아이의 미소"를 지키기 위해 항암 치료를 거부하는 '젊은 엄마', '시력을 잃은 남자친구'의 손을 놓지 않는 '젊은 여자', '아버지'를 위해 장기를 떼어주는 '아들'의 행위를 통해 보여준다. 즉, '말(언어)'에 앞서 '행동(실천)'이 필요함을 비유적 이미지를 통해 '기도하듯' 강조하고 있다.

2.

김윤도 시인은 자서에서 "누군가 공감할 수 있었으면 좋겠다"라는 소망을 피력한다. '소망'이라는 것은 '누군가'와 '할 수 있었으면'이라는 전제가 어떤 시적 정의보다는 시작(詩作)의 불가피성에 대한 이해를 요청하는 듯이 들린다. 하지만 이런 겸손과 절제와는 달리 시인의 시적 형상화 능력이 결코 어설프지 않음을 다음 작품은 웅변적으로 보여주고 있다.

때까치 두 마리
옥상에서
희롱하고 사랑에 한참일 때,

아이고 눈치 없이
방해꾼 되어 나타났으니

나쁜 짓 하다 들킨 것 같음은

이쪽이나 저쪽이나 같으려나

—「밀애(密愛)를 들키다」 전문

오늘날 시의 경건함, 무거움, 진지함 등은 우리의 현대사라는 시대와 맞물려 주목할 성과와 역할을 한 것도 회피할 수 없는 사실이다. 하지만 그런 의미적 제약, 구속 때문에 우리 시의 위기, 특히 독자들과의 공감을 이끌어내지 못하는 '목 안의 단말마' 같은 현상이 벌어졌다는 것 또한 부정할 수 없다. 다른 지역은 모르겠지만, 서울 지하철의 스크린 도어에 프린팅 된 많은 작품들은 하나같이 그 무거움, 경건함, 진지함을 자랑하고 있다. 물론 그 작품들을 꼼꼼하게 읽는 건 다른 시인이거나 관련된 업계에 종사하는 사람들뿐이다. 사족이 길었다. 이 작품은 "나쁜 짓 하다 들킨 것 같음은/이쪽이나 저쪽이나 같으려나"라는 부분에서 행위자와 방해꾼의 묘한 동질감을 끌어낸다. 유쾌하다. 굳이 노출증이나 관음증 같은 사회, 병리적 용어를 끌어대지 않더라도 '민망함' 이라는 하나의 심적 상태가 시를 통해 슬그머니 전해져온다.

일찍이 공감의 시학자, 바슐라르는 그의 『시적 순간과 형이상학적 순간』이라는 저서에서 '시적 순간' 을 다음과 같이 정의했다.

> 시(詩)는 순간의 형이상학이다. 하나의 짤막한 시편(詩篇) 속에서 시는 우주의 비전과 영혼의 비밀과 존재와 사물을 동시에 제공해야 한다. 시가 단순히 삶의 시간을 따라가기만 한다면 시는 삶만 못한 것이다. 시는 오로지 삶을 정지시키고 기쁨과 아픔의 변증법을 즉석에서 삶으로써만 삶 이상의 것이 될 수 있다. 그때서야 시는 가장 산만하고 가장 이완된 존재가 그의 통일을 획득하는 근원적 동시성(同時性)의 원칙이 된다.

김윤도 시인은 앞의 말 중에서 "시는 가장 산만하고 가장 이완된 존재가 그의 통일을 획득하는 근원적 동시성의 원칙"이라는 부분, 핵심을 논리가 아니라 '삶으로써' 명확하게 이해하고 있음을 보여준다. 더불어 이 이해야말로 그가 바라는 '공감(共感)'의 기본 필요조건임을 드러낸다.

작은 산이 걸린
물빛 수채화를
창밖에서
건져 올린다

채우는 일보다
내어버림이 어려워서

잔물결에 핀 바람꽃과
잃어버릴 세월을
담기가 쉽지 않다

밤이 올 듯이
가로등은 기인 다리로
물속을 수놓으며
짧은 하루를
반짝이기 시작한다

속절없이 비는 오고

모든 것을 소리 없이 받아들이면
저렇게
잔잔할 수 있을까

—「잔잔함에 빠지다」 전문

제목의 강력한 상징성은 이 작품을 더욱 돋보이게 한다. 「잔잔함에 빠지다」라는 제목 안에서 '잔잔함/빠지다'가 불러일으키는 강렬한 충돌이 필자에게는 매우 낯설다. 1연에서 보이는 '자연'은 흔히 말하는 자연 예찬의 자연이 아니다. 이것은 선택, 분할된 자연이기 때문이다. 나아가

2연에서 보이는 일상의 비유는 한갓 넋두리가 아니다. 이유는 '수면(水面)'의 비유어가 전혀 등장하지 않기 때문이다. 자연과 일상이라는 두 거대한 괴물 앞에서 비록 낮고 느린 음성이지만 시인은 분명한 자기 목소리를 낸다. 끝내 "모든 것을 소리 없이 받아들이면/저렇게/잔잔할 수 있을까"라는 방법적 물음으로 작품을 끝맺고 있지 않은가.

아무리 십분 양보한다 해도, '공감(sympathy)'과 '감정이입(empathy)'은 같을 수 없다. 전자가 목표라면 후자는 그 방법적 경로, 수단에 머물 뿐이다. 앞 작품만 놓고 보더라도 '동화(同化)나 투사(投射)'와 같은 방식을 통한 시적 화자의 개입이 노골적이었다면 마지막 연은 결코 형상화될 수 없었을 것이다.

그러면 공감을 이끌어내는 시인의 전형적인 수법은 무엇일까? 다음 작품은 앞 질문에 대한 명쾌한 대답을 보여준다.

그는 어디서 와서
어디로 가는 것일까
지난밤 보았던 둥근 달에서
세상을 그리며
어린아이의 팽이가 되기 위해 왔을까

이 바쁜 삶 속에서 그 품새를 보노라면
느려터지고 재빠르지도 못해
늘 뒤끝에서 겨우 좇던 날이 떠올라
더욱 눈길이 가고,
복족류(腹足類)라는 너처럼
한시도 땅에서 발을 떼지 못하는 무거운 발걸음이
오늘은 왠지 가벼워지기도 하는
느림보 달팽이가 가고 있다

잘 볼 수도 없는 조그만 눈을
불안한 더듬이 끝에 달고
빛과 어둠의 경계만을 헤아리며
작은 자취를 어렵게 남기고
우주의 한 점을 지나고 있다

그 뒤로
나의 어눌한 흔적도
남겨지기를 원하면서

—「달팽이가 간다」 전문

일반적으로 '달팽이'는 현대시의 소재로서 낯선 것이라고는 할 수 없다. "우주의 한 점을 지나고 있다"는 부분은 시인의 '공간—시간'에 대한 시적 인식이 드러나는 부분이지만, 더 깊고 날카로운 시선의 독자들에게 그 이해의 몫을 남긴다. 마지막에서 시인은 "그 뒤로/나의 어눌한 흔적도/남겨지기를 원"한다는 것을 드러낸다. 이를 통해 시인은 '달팽이'를 쫓았던 시선이 결국은 자기성찰이었음을 간접적으로 드러낸다. '나=달팽이' 같은 폭력적인 결합 없이 '어눌한 흔적'일 뿐인 자신의 삶을 현실적으로, 반성적으로 보여준다. 이런 자세와 시적 수법이 그의 '공감'을 가능케 하는 원천이라고 믿어 의심치 않는다.

끝으로, 다시 『저녁 무렵의 회개』를 돌아본다. '회개'의 참 의미는 '죄를 고백하는 것'이고 그다음은 '슬퍼하는 것'이며 종국에는 죄의 깨달음을 찬양하는 것이다. 시를 신앙의 차원으로 번역하는 것만큼이나, 신념을 시로 변환하는 것도 지난한 일일 것이다. 앞으로도 김윤도 시인이 그 어려운 길을 마다하지 않을 것임을 믿는다.

이 도서의 국립중앙도서관 출판시도서목록(CIP)은 서지정보유통지원시스템 홈페이지(http://seoji.nl.go.kr)와 국가자료공동목록시스템(http://www.nl.go.kr/kolisnet)에서 이용하실 수 있습니다.(CIP제어번호: CIP2014017974)

문학의전당 시인선 182

저녁 무렵의 회개

초판 1쇄 인쇄 2014년 6월 23일
초판 1쇄 발행 2014년 6월 30일
지은이 김윤도
펴낸이 김석봉
책임편집 이현호
디자인 조동욱
펴낸곳 문학의전당
출판등록 제311-2012-000043호
주소 서울시 은평구 연서로11길 7-5 401호
편집실 서울시 마포구 마포대로 127, 413호(공덕동, 풍림VIP빌딩)
전화 02-852-1977
팩스 02-852-1978
블로그 http://blog.naver.com/mhjd2003
전자우편 sbpoem@naver.com

ISBN 978-89-98096-80-9 03810